CHRISTSEIN
EN✝DECKEN

DER KURS FÜR TEILNEHMER

3L Verlag

IMPRESSUM

© Copyright 2010 by 3L Verlag gemeinnützige GmbH
D-65529 Waldems
ISBN 978-3-935188-85-2

Umschlag: an:huth communications
Korrektur: Silke Morgenstern, Manfred Schwierk
Druck: MCP
Satz: an:huth communications

Die englische Originalausgabe erschien unter dem Titel:
Christianity Explored - Study Guide
and is written by Rico Tice, Barry Cooper and Sam Shammas
Copyright © 2003 Rico Tice

Published by The Good Book Company
Elm House, 37 Elm Road, New Malden, Surrey KT3 3HB, UK

Bibeltext der Neuen Genfer Übersetzung
Copyright © Genfer Bibelgesellschaft, CH-1204 Genf

INHALTSVERZEICHNIS

Vorwort
Bevor es losgeht

Die Reise, die vor uns liegt

Herzlich willkommen bei *Christsein entdecken.*

Während der nächsten 10 Wochen werden wir drei Fragen nachgehen, die für das Christsein von zentraler Bedeutung sind: Wer war Jesus? Warum kam er? Was bedeutet es, ihm nachzufolgen?

Scheuen Sie sich nicht, Fragen zu stellen, egal wie einfach oder schwer sie sind. Wenn Sie mal an einem Treffen nicht teilnehmen können, dann machen Sie sich keine Sorgen. Sie können jederzeit jemanden aus Ihrer Gruppe bitten, Ihnen eine kurze Zusammenfassung des verpassten Treffens zu geben.

Wer also war Jesus? Warum kam er? Was bedeutet es, ihm nachzufolgen?

Unser Reiseleiter: Markus

Um diese Fragen zu beantworten, werden wir ein biblisches Buch intensiver betrachten. Es ist ein Buch, das nach seinem Autor benannt ist: das Markusevangelium.

Bevor wir einen ersten Blick in die Bibel werfen, zunächst einige Informationen, die Ihnen helfen werden, sich in der Bibel zurechtzufinden.

- Die Bibel besteht aus zwei Teilen: dem Alten Testament und dem Neuen Testament. Das Alte Testament wurde vor der Geburt Jesu geschrieben. Und das Neue Testament wurde nach der Geburt von Jesus geschrieben.
- Es gibt 66 Bücher in der Bibel: 39 im Alten Testament und 27 im Neuen Testament.
- In jeder Bibel befindet sich am Anfang ein Inhaltsverzeichnis. Damit können Sie die Bücher finden, auf die in *Christsein entdecken* Bezug genommen wird.
- Jedes Buch der Bibel ist in Kapitel eingeteilt. Jedes Kapitel ist wiederum in einzelne Verse unterteilt, die alle durchnummeriert sind.

So bezieht sich z.B. „Mk 1,1-3,6" auf das Buch Markusevangelium Kapitel 1 Vers 1 bis Kapitel 3 Vers 6. Verschiedene Versabschnitte eines Kapitels werden mit einem Punkt voneinander unterschieden, wie z.B. „Mk 1,14-15.35-39". Alle Bibelstellen werden in *Christsein entdecken* in dieser Weise angegeben.

- In der Bibel liegen uns vier Berichte über das Leben von Jesus vor. Alle vier sind nach ihren Autoren benannt: Matthäus, Markus, Lukas und Johannes. Sie werden auch Evangelien genannt (Evangelium bedeutet wörtlich „gute Nachricht").
- Sie finden das Buch Markus (auch Markusevangelium genannt) nach ungefähr 3/4 der Bibel, zwischen Matthäus und Lukas.

WARUM LESEN WIR DAS MARKUSEVANGELIUM?

Zunächst einmal, weil Markus das kürzeste der vier Evangelien ist!

Ein weiterer Grund ist, dass Markus sein Buch mit einer atemberaubenden Behauptung beginnt. In seinem ersten Satz behauptet er, dass Jesus Christus der „Sohn Gottes" ist (Mk 1,1). Anders ausgedrückt sagt Markus, dass Jesus Gott in menschlicher Gestalt ist.

Indem Sie das Markusevangelium lesen, können Sie herausfinden, ob die Behauptung des Autors stimmt.

KÖNNEN WIR DEM MARKUSEVANGELIUM VERTRAUEN?

Sie fragen sich vielleicht, ob das Markusevangelium eine zuverlässige Informationsquelle über Jesus ist. Deshalb müssen wir dieselben Fragen stellen, die wir auch in Bezug auf jedes andere Dokument stellen sollten, das von sich behauptet, historische Ereignisse wiederzugeben.

Was wissen wir über den Autor?

Markus war ein enger Vertrauter von Petrus, einem der Apostel von Jesus (das sind diejenigen, die Jesus in besonderer Weise berufen hatte, um Zeugen seines Lebens zu sein; vgl. Mk 3,14). Papias schrieb ungefähr um 130 n.Chr. von der Verbindung zwischen Markus und Petrus: „Markus war der Übersetzer von Petrus. Alles, was er schriftlich festhielt, schrieb er mit großer Sorgfalt auf."[1]

Wann wurde dieses Dokument geschrieben?

Petrus wusste, dass er wegen seines Glaubens an Jesus bald sterben würde, und schrieb: *„Doch ich werde alles daran setzen, dass ihr euch auch nach meinem Tod jederzeit an diese Dinge erinnern könnt"* (2.Petr 1,15). Petrus

---

1 Papias, zitiert von Eusebius, *Ecclesiastical History*, Buch 3, Kapitel 39. Entnommen aus *Historia Ecclesiastica: An Ecclesiastical History to the Year 324 of the Christian Era* (übers. v. C.F. Cruse, S. Bagster, London 1842), S. 152.

starb Mitte der 60er Jahre n.Chr. Wir können daher davon ausgehen, dass Markus sein Evangelium entweder kurz vor oder kurz nach dem Tod von Petrus geschrieben hat, um den Augenzeugenbericht von Petrus zuverlässig zu bewahren.

Wurde es lange Zeit nach den Ereignissen geschrieben, von denen es berichtet?

Jesus starb ungefähr 30 n.Chr. Es liegen also ca. 30 Jahre zwischen den Ereignissen, von denen Markus berichtet, und der Abfassungszeit seines Berichtes. Deshalb können wir davon ausgehen, dass viele, die diese Ereignisse selbst miterlebt hatten, noch lebten, als Markus sein Evangelium niederschrieb. Das bedeutet, dass viele Leser des Markusevangeliums überprüfen konnten, ob Erfundenes oder Widersprüche enthalten waren. Es gab auch viele feindlich gesonnene Augenzeugen, die ihn gerne diskreditiert hätten. Deshalb musste Markus sicherstellen, dass sein Bericht zuverlässig war.

Wurden uns die Originaldokumente zuverlässig überliefert?

Wenn die Originale der biblischen Bücher oder irgendeines anderen antiken Dokumentes nicht mehr existieren, dann müssen folgende Fragen gestellt werden, um die Zuverlässigkeit der Kopien festzustellen:

- Wie alt sind die Kopien?
- Wie viel Zeit liegen zwischen der Abfassung der Originale und der Kopien, die heute noch existieren?
- Wie viele Kopien wurden gefunden?

▶ *Die Tabelle unten beantwortet diese Fragen für drei als zuverlässig überliefert geltende historische Werke und vergleicht sie mit dem Neuen Testament. Füllen Sie das leere Feld aus und vergleichen Sie Ihren Tipp mit der Antwort am Ende der Seite!*

	Datum des Originals	Datum der ältesten erhaltenen Kopie	Zeitspanne zwischen dem Original und der ältesten erhaltenen Kopie	Anzahl erhaltener Kopien aus der Antike
Thukydides' „Geschichte des Peloponnesischen Krieges"[2]	ca. 431-400 v.Chr.	900 n.Chr. + einige Fragmente aus dem späten 1. Jahrhundert n.Chr.	1.300 Jahre	73
Cäsars „Gallischer Krieg"[3]	ca. 58-50 v.Chr.	825 n.Chr.	875 Jahre	10
Tacitus' „Historien" und „Annalen"[4]	ca. 98-108 n.Chr.	ca. 850 n.Chr.	750 Jahre	2
Das Neue Testament[5]	40-100 n.Chr. (Markus 60-65 n.Chr.)	350 n.Chr. (Markus 3. Jahrhundert)	310 Jahre	*

* 14000 (ungefähr 5.000 griechische, 8.000 lateinische und 1.000 in anderen Sprachen)

Wie die Tabelle zeigt, ist die Zeitspanne zwischen der Abfassung der Originale des Neuen Testamentes und der ältesten erhaltenen Kopie vergleichsweise kurz. Außerdem besitzen wir im Gegensatz zu anderen Werken vom Neuen Testament oder Teilen des Neuen Testamentes eine enorme Anzahl an frühen handschriftlichen Kopien.

Unterstützen andere historische Dokumente den Bericht des Markus über Jesus?

Sogar ohne die neutestamentlichen Berichte über Jesus oder andere christliche Schriften hätten wir noch immer viele Hinweise auf das Leben von Jesus und den Anspruch, den er erhob. Zum Beispiel diskutierte der samaritanische Geschichtsschreiber Thallus (52 n.Chr.) die Finsternis, die während der Kreuzigung aufgetreten war (vgl. Mk 15,33).[6] Josephus, ein jüdischer Geschichtsschreiber des 1. Jahrhunderts n.Chr., hat Folgendes zu sagen: „Um diese Zeit lebte Jesus, ein weiser Mann, wenn man ihn wirklich einen Menschen nennen sollte. Denn er war der Vollbringer außergewöhnlicher Taten und ein Lehrer derjenigen, die froh die Wahrheit annehmen. Er gewann viele Juden und viele von den Griechen für sich. Er war der Messias. Als er von den obersten Männern unter uns angeklagt wurde, und Pilatus ihn zum Tod am Kreuz verurteilte, hörten diejenigen, die ihn von Anfang an geliebt hatten, nicht auf, dies zu tun; denn er erschien ihnen am dritten Tag und war wieder am Leben, wie die Propheten Gottes diese und unzählige andere wunderbare Dinge über ihn vorhergesagt hatten. Der Stamm der Christen, der so nach ihm benannt ist, ist bis auf diesen Tag nicht verschwunden."[7]

DAS MARKUSEVANGELIUM ENTDECKEN

Jede Woche werden Sie die Gelegenheit haben, einige Kapitel des Markusevangeliums kennenzulernen.

In den Abschnitten unter der Überschrift SELBSTSTUDIUM finden Sie Fragen, die Ihnen dabei helfen. Am Ende der 6. Woche werden Sie das ganze Markusevangelium gelesen haben.

Als Gruppe werden Sie auch auf Abschnitte, die von besonderer Bedeutung sind, näher eingehen.

Hier noch einige Tipps, um möglichst viel vom Studium des Markusevangeliums zu profitieren:

• Denken Sie daran, dass Markus mit einer deutlichen Absicht schreibt: Menschen die gute Nachricht über Jesus weiterzugeben (s. Mk 1,1). Das Markusevangelium ist nicht nur eine zufällige Aneinanderreihung von Ereignissen des Lebens Jesu und von Auszügen seiner Lehre. Vielmehr wählt

Markus die Ereignisse aus dem Leben von Jesus sorgfältig aus und ordnet sie ganz bewusst in einer bestimmten Reihenfolge an. Er tut dies, damit seine Leser genau verstehen, wer Jesus war.

Ein gutes Beispiel dafür findet sich in Markus 15,33-39. Warum nimmt Markus uns von den Ereignissen, die außerhalb der Stadtmauern Jerusalems stattfinden (V. 33-37), mit zum Tempel (V. 38) und dann wieder zurück zum Kreuz (V. 39)? Dadurch sollen wir verstehen, dass diese Ereignisse irgendwie zusammenhängen und etwas über Jesus aussagen.

• Wie bei jedem anderen Buch ist es sehr wichtig, den Zusammenhang zu beachten. Wenn Sie etwas lesen, das Sie nicht verstehen, dann fragen Sie sich, was direkt davor geschehen ist und was direkt danach berichtet wird.

• Außerdem sollte das Markusevangelium im Zusammenhang der ganzen Bibel betrachtet werden. Wie es keinen Sinn machen würde, das Markusevangelium erst ab Kapitel 10 zu lesen, ohne darüber nachzudenken, was Markus in den ersten 9 Kapiteln geschrieben hat, so ist es von großer Wichtigkeit, zu verstehen, wie das Markusevangelium zur Gesamtaussage der Bibel passt. Durch das ganze Alte Testament hindurch lesen wir von Gottes sich schrittweise entfaltendem Plan, die Menschen in eine Beziehung zu sich zu bringen. Im Markusevangelium sehen wir, wie dieser Plan schließlich umgesetzt wird. Die alttestamentlichen Zitate in Markus helfen uns, das zu verstehen.

Zum Beispiel zitiert Markus in Kapitel 1,2-3 aus dem Alten Testament. Warum tut er das? Und warum tut er es an dieser Stelle? Weil er uns damit zeigen will, dass die von ihm berichteten Ereignisse Teil eines größeren Planes sind.

Während Sie das Markusevangelium entdecken, werden Sie selber herausfinden können, wer Jesus war, warum er kam und was es bedeutet, ihm zu folgen.

---

2 Weitere Informationen zu Daten und Orten des Dokuments finden sich bei P.J. Rhodes, *Thucydides History* (Aris and Phillips, Warminster 1998), S. 39, und B. Grenfell & A. Hunt, et al., *The Oxyrhynchus Papyri* (60 Bände; Egypt Exploration Fund, London 1898-1993). Älteste erhaltene Kopie – Biblioteca Medicea Laurenziana, Florenz, LXIX.2, 10. Jahrhundert.

3 Weitere Informationen zu Daten und Orten des Dokuments finden sich bei L.D. Reynolds, *Texts and Transmission: A Survey of the Latin Classics* (Oxford: Clarendon Press, 1983), S. 35-36. Älteste erhaltene Kopie – Bibliothéque Nationale, Paris, Lat. 5763, 9. Jahrhundert, zweites Viertel.

4 Weitere Informationen zu Daten und Orten des Dokuments finden sich bei L.D. Reynolds, *Texts and Transmission: A Survey of the Latin Classics* (Oxford: Clarendon Press, 1983), S. 406-407. Älteste erhaltene Kopie – Biblioteca Medicea Laurenziana, Florenz, 68.1, c. 850.

5 Weitere Informationen zu Daten und Orten des Dokuments finden sich bei K. Aland und B. Aland, *The Text of the New Testament* (Eerdmans, Grand Rapids 1989). Älteste erhaltene Kopie des Neuen Testaments – British Library, Add. 43725. Älteste erhaltene Kopie des Markusevangeliums – Chester Beatty Library, Dublin, C.B.P.I, 3. Jahrhundert.

6 Thallus, *History*, Buch 3. Aufgezeichnet von Julius Africanus in *The Extant Fragments of the Five Books of the Chronography of Julius Africanus*, XVIII (1). Entnommen aus *The Ante-Nicene Fathers: Translations of the Writings of the Fathers down to A.D. 325*, VI (Hrsg. Alexander Roberts und James Donaldson, rev. A. Cleveland Coxe, Eerdmans, Grand Rapids 1979-1986), S. 136.

7 *Josephus: ein Zeuge aus der Zeit Jesu berichtet*, Paul L. Maier (Hrsg.), Hänssler, Neuhausen/Stuttgart 1994, S. 282.

WOCHE 1
EINLEITUNG

GRUPPENGESPRÄCH 1

Herzlich willkommen bei *Christsein entdecken.*

AUF DEN PUNKT GEBRACHT

„Dies ist der Anfang des Evangeliums von Jesus Christus, dem Sohn Gottes" **(Mk 1,1).**

* Es gibt viele Gründe, die dafür sprechen, dass Gott existiert: die Ordnung des Universums, die Schönheit der Welt und das Wunder des menschlichen Körpers. Außerdem gibt es dieses schmerzliche Bewusstsein, dass nichts, was wir tun oder erreichen, uns vollständig zufriedenstellt. Es fehlt etwas in unserem Leben.

* Aber wie können wir mit Sicherheit wissen, dass Gott existiert? Er müsste sich uns schon persönlich vorstellen! Markus berichtet in seinem Evangelium, dass Gott genau das getan hat. Um sich uns vorzustellen, wurde er ein Mensch: die Person, die wir Jesus Christus nennen.

* Christsein dreht sich darum, eine Beziehung mit Gott haben zu können. Deshalb ist das Evangelium von Jesus Christus eine gute Nachricht.

NOTIZEN

- Wenn Sie Gott eine Frage stellen könnten und er sie garantiert beantworten würde, was würden Sie fragen?

- Wie denken Sie über das Christentum?

- Was würden Sie davon halten, sich Zeit zu nehmen, um das Markusevangelium zu lesen?

Jede Woche werden Sie einige Kapitel des Markusevangeliums kennenlernen. Am Ende der 6. Woche werden Sie das ganze Evangelium gelesen haben.

▶ *Lesen Sie Markus 1,1-3,6*

Zusammenfassung: Die wahre Identität von Jesus kommt immer mehr zum Vorschein, aber die religiösen Führer sind gegen ihn.

▶ *Bitte beantworten Sie die folgenden Fragen, die Ihnen helfen sollen, diesen Abschnitt zu verstehen. Wenn Sie irgendetwas haben, worüber Sie gerne das nächste Mal sprechen möchten, machen Sie sich Notizen am Ende der Einheit.*

1. Wer weist in Markus 1,1-13 auf Jesus hin?
(Beachten Sie besonders die Verse 2, 6-7 und 11)

2. Wer ist Jesus gemäß diesen Versen?

3. Welche Art von Macht und Autorität übt Jesus aus?
(s. Mk 1,16-20.21-22.23-28.40-45; 2,1-12)

4. Jesus kam, um *was* zu tun? (s. Mk 1,14-15.35-39; 2,17)

5. Beachten Sie, dass das Predigen für Jesus am wichtigsten war – es kommt noch vor dem Heilen von Krankheiten. Was könnte der Grund dafür sein?

6. Wer lehnt Jesus ab? Was denken Sie, warum ist das so? (s. Mk 2,6-7.16; 3,2-6)

7. Was sagen die ersten Kapitel des Markusevangeliums darüber aus, wer Jesus ist? Was bedeutet das für die Art und Weise, wie Sie zu Jesus stehen?

Ihre Fragen zum Selbststudium:

WOCHE 2
JESUS — WER WAR ER?

> Sprechen Sie über die Fragen, die beim SELBSTSTUDIUM in der letzten Woche aufgetaucht sind.

> Betrachten Sie gemeinsam Markus 2,1-12 und beantworten Sie die folgenden Fragen:

1. Der Abschnitt beginnt damit, dass sich so viele Menschen versammelt hatten, um Jesus zu hören, dass kein Platz mehr war. Warum waren so viele Menschen gekommen, um ihn zu hören? (In Mk 1,27-28.32-34.45 finden Sie einige Hinweise.)

2. Warum bringen diese Leute ihren Freund zu Jesus?

3. Was ist in Anbetracht der Situation überraschend an dem, was Jesus in Markus 2,5 sagt?

4. Warum ärgern sich die Gesetzeslehrer so über diese
Bemerkung von Jesus? (s. Mk 2,6-7)

5. Haben sie Recht?

6. Wie können wir wissen, ob Jesus die Autorität besitzt, Sünden
zu vergeben? (s. Mk 2,8-12)

7. Was sagt dieses Ereignis darüber aus, wer Jesus ist?
(s. Mk 2,7)

8. Was denken Sie? Warum sagt Jesus zuerst „Mein Sohn, deine
Sünden sind dir vergeben!", bevor er den Mann heilt?

Auf den Punkt gebracht

**„Wer ist nur dieser Mann, dass ihm sogar Wind und Wellen gehorchen?"
(Mk 4,41).**

- Es ist wichtig, sich darüber klar zu werden, wer Jesus wirklich ist. Ansonsten werden wir eine falsche Haltung ihm gegenüber einnehmen.

- Markus nennt uns fünf Beweismittel, fünf verschiedene Bereiche, in denen Jesus die Macht und Autorität von Gott demonstriert.

- Jesus demonstriert Macht und Autorität:

  - zu lehren (Mk 1,21-22)

  - über Krankheit (Mk 1,29-31)

  - über die Natur (Mk 4,35-41)

  - über den Tod (Mk 5,35-42)

  - Sünden zu vergeben (Mk 2,1-12)

Notizen

- Wie denken Sie über Jesus?

- Was halten Sie von diesen 5 Beweismitteln, die Markus uns hier gibt?

SELBSTSTUDIUM

▸ *Lesen Sie Markus 3,7-5,43.*

Zusammenfassung: Durch seine Lehre und seine Macht, Wunder zu tun, wird immer deutlicher, wer Jesus wirklich ist.

▸ *Bitte beantworten Sie die folgenden Fragen, die Ihnen helfen sollen, diesen Abschnitt zu verstehen. Wenn Sie irgendetwas haben, worüber Sie gerne das nächste Mal sprechen möchten, machen Sie sich Notizen am Ende der Einheit.*

1. Worüber übt Jesus Macht und Autorität aus?
(s. Mk 4,35-41; 5,1-20.25-34.35-43)

Für dich

2. Was lernen wir hier zusätzlich zu Markus 1,1-3,6 über die Macht und Autorität von Jesus?

3. Was ist die Sorge der Jünger in Markus 4,38? Wie beurteilt Jesus sie in Markus 4,40?

4. Beschreiben Sie die Situation der Frau in Markus 5,25-26! Was geschieht mit ihr in Markus 5,27-29? Wie beurteilt Jesus sie in Markus 5,34?

5. Beschreiben Sie die Situation von Jairus in Markus 5,35! Wie beurteilt Jesus ihn in Markus 5,36?

6. Was sagen diese Ereignisse darüber aus, wer Jesus ist?

7. Auf welche unterschiedlichen Weisen reagieren die Leute auf Jesus? (s. Mk 4,40-41; 5,15.34.36)

8. Welche dieser Reaktionen können Sie persönlich am besten nachvollziehen?

Ihre Fragen zum SELBSTSTUDIUM:

Woche 3
Jesus — Warum kam er?

Gruppengespräch 1

▶ Sprechen Sie über die Fragen, die beim SELBSTSTUDIUM in der letzten Woche aufgetaucht sind.

▶ Betrachten Sie gemeinsam Markus 4,35-41 und beantworten Sie die folgenden Fragen:

1. Warum fürchten sich die Jünger in Markus 4,37-38?

2. Was fällt besonders auf an der Art und Weise, wie Jesus den Sturm stillt? (s. Mk 4,39)

3. Was überrascht an der Antwort von Jesus? (s. Mk 4,40)

4. Warum haben die Jünger keinen Glauben, warum vertrauen sie Jesus nicht? (s. Mk 4,41)

5. Was müssten die Jünger aufgrund dieses Ereignisses eigentlich verstehen – ganz besonders vor dem Hintergrund, dass sie als Juden das Alte Testament sehr gut kennen? (s. Ps 89,10; 65,6-8; 107,24-31)

6. Wie würden *Sie* die Frage der Jünger in Markus 4,41 beantworten? *„Wer ist nur dieser Mann, dass ihm sogar Wind und Wellen gehorchen?"*

„Ich bin nicht gekommen, um Gerechte zu rufen, sondern Sünder" **(Mk 2,17).**

- Die Welt ist nicht so, wie sie sein sollte, weil wir nicht so sind, wie wir sein sollten.

NOTIZEN

- Als Jesus nach dem größten Gebot gefragt wird, antwortet er: *„Du sollst den Herrn, deinen Gott, lieben von ganzem Herzen, mit ganzer Hingabe, mit deinem ganzen Verstand und mit aller deiner Kraft!"* (Mk 12,30). Aber keiner von uns hat je so gelebt.

- Wir alle haben gegen Gott rebelliert. Die Bibel nennt das „Sünde".

- Jesus sagt uns, dass „Sünde" von innen kommt, aus unseren „Herzen" (s. Mk 7,20-22).

- Das bedeutet, dass wir uns alle in Gefahr befinden, ob wir uns dessen bewusst sind oder nicht (s. Mk 9,43-47).

- Jesus kam, um uns von unserer Sünde zu retten.

- Können Sie damit übereinstimmen, dass Sie sich in Gefahr befinden?

- Wie würden Sie sich fühlen, wenn jeder Ihrer Gedanken, jedes Ihrer Worte und jede ihrer Taten hier an die Wand projiziert wären?

- Was ist Ihre Reaktion auf die Worte von Jesus in Markus 9,43-47?

SELBSTSTUDIUM

▶ *Lesen Sie Markus 6,1-8,29.*

Zusammenfassung: Obwohl Jesus weiterhin Bewunderung hervorruft, lehnen ihn viele ab. Jesus erklärt, warum das so ist.

▶ *Bitte beantworten Sie die folgenden Fragen, die Ihnen helfen sollen, diesen Abschnitt zu verstehen. Wenn Sie irgendetwas haben, worüber Sie gerne das nächste Mal sprechen möchten, machen Sie sich Notizen am Ende der Einheit.*

1. Was können wir durch diesen Abschnitt dem hinzufügen, was wir bereits in den Kapiteln 1-5 über die Macht und Autorität von Jesus gelernt haben?
(s. Mk 6,32-44.47-48; 7,31-37; 8,1-10.22-26)

2. Wie reagieren die Leute auf Jesus, als sie seine Macht und Autorität sehen? (s. Mk 6,1-6.14-16.51-56; 7,37; 8,11)

3. Was ist Jesus zufolge das wirkliche Bedürfnis der Menschen?
(s. Mk 6,34; 7,14-23)

4. Was überrascht an der Reaktion der Jünger, wenn man all das, was Jesus gesagt und getan hat, in Betracht zieht?
(s. Mk 6,35-37.51; 7,17-18; 8,4.14-21)

5. Sie haben die erste Hälfte des Markusevangeliums gelesen und von beeindruckenden Dingen erfahren, die Jesus gesagt und getan hat. Wie würden Sie nun die Frage von Jesus in Markus 8,29 beantworten?

Ihre Fragen zum SELBSTSTUDIUM:

WOCHE 4
JESUS — SEIN TOD

GRUPPENGESPRÄCH 1

▸ Sprechen Sie über die Fragen, die beim SELBSTSTUDIUM in der letzten Woche aufgetaucht sind.

▸ Betrachten Sie gemeinsam Markus 8,17-29 und beantworten Sie die folgenden Fragen:

1. Für wen halten die Menschen heutzutage Jesus im Allgemeinen? Worauf gründen sie ihre Meinung?

2. Wie beschreibt Jesus die Jünger in Markus 8,17-18.21?

3. *„Begreift ihr denn gar nicht?"* – Was hätten die Jünger
   verstehen sollen? (s. Mk 8,17-21; siehe auch 2.Mose 16,11-15,
   wo Gott durch ein Wunder das Volk in der Wüste ernährt)

4. Was geschieht in Markus 8,29 und warum ist das wichtig?

5. Warum berichtet Markus zwischen Markus 8,21 und Markus
   8,29 von einem Wunder (die Heilung des Blinden)? Wie
   kommt es dazu, dass die Jünger verstehen, wer Jesus ist?

6. In Markus 8,29 fragt Jesus: *„Und ihr ... für wen haltet ihr
   mich?"* Wie würden Sie auf diese Frage antworten? Warum?

„Denn auch der Menschensohn ist nicht gekommen, um sich dienen zu lassen, sondern um zu dienen und sein Leben als Lösegeld für viele hinzugeben" **(Mk 10,45).**

- Jesus nahm seinen Tod freiwillig und ganz bewusst auf sich. Er wusste, dass sein Tod notwendig war.

- Die Finsternis, die das ganze Land überschattete, als Jesus am Kreuz starb, war ein Zeichen für Gottes Zorn und Gericht. Der Schrei von Jesus – *„Mein Gott, mein Gott, warum hast du mich verlassen?"* (Mk 15,34) – zeigt, dass Jesus von Gott verlassen wurde.

- Er wurde verlassen, damit wir dasselbe Schicksal niemals erleiden müssen. Als er starb, nahm er den Zorn und das Gericht auf sich, die unsere Sünde eigentlich verdient hat. Gott hat sich selbst geopfert, indem er seinen Sohn sandte, um für uns zu sterben.

- Als Jesus starb, zerriss der Vorhang im Tempel von oben bis unten in zwei Teile. Dies macht deutlich, dass der Tod von Jesus sündigen Menschen den Weg in die Gegenwart Gottes eröffnet hat.

- Markus berichtet, wie diejenigen reagiert haben, die Jesu Tod miterlebten:

  - die beschäftigten Soldaten (s. Mk 15,24)

  - die selbstzufriedenen religiösen Führer (s. Mk 15,31-32)

  - der feige Pontius Pilatus (s. Mk 15,15)

  - die unbeteiligten Zuschauer (s. Mk 15,35-36)

  - der römische Hauptmann, der erkennt, dass Jesus „wirklich Gottes Sohn" war (s. Mk 15,39)

WOCHE 4

NOTIZEN

- Können Sie sich mit einer dieser Reaktionen auf den Tod von Jesus identifizieren?

- Jesus sagt, dass er kam, um „*sein Leben als Lösegeld für viele hinzugeben*". Wie finden Sie das?

SELBSTSTUDIUM

▶ *Lesen Sie Markus 8,30-10,52.*

Zusammenfassung: Jesus sagt seinen Tod detailliert voraus und lehrt seine Jünger, was das für sie bedeuten wird.

▶ *Bitte beantworten Sie die folgenden Fragen, die Ihnen helfen sollen, diesen Abschnitt zu verstehen. Wenn Sie irgendetwas haben, worüber Sie gerne das nächste Mal sprechen möchten, machen Sie sich Notizen am Ende der Einheit.*

1. Jesus kündigt seinen eigenen Tod dreimal an. Was sagt er, „muss"
und „wird" geschehen? (s. Mk 8,31; 9,31; 10,33-34. Beachten Sie,
dass Jesus mit dem „Menschensohn" sich selbst meint.)

2. Warum musste Jesus sterben? (s. Mk 10,45)

3. Dreimal kündigt Jesus seinen eigenen Tod an und jedes Mal
berichtet uns Markus von der Reaktion der Jünger. Wie reagieren
die Jünger? Warum? (s. Mk 8,32-33; 9,33-35; 10,35-45)

4. Was hat Jesus die Jünger darüber gelehrt, was es bedeutet, ihm
nachzufolgen? (s. Mk 8,34)

5. Petrus erkennt, dass Jesus der Christus ist (d.h. Gottes gesalbter König), aber er verhält sich noch nicht so, als ob das wahr wäre (s. Mk 8,32). Wie hätte er sich verhalten sollen? Wie sollten Sie sich gegenüber Jesus verhalten?

Ihre Fragen zum SELBSTSTUDIUM:

WOCHE 5
WAS IST GNADE?

> Sprechen Sie über die Fragen, die beim SELBSTSTUDIUM in der letzten Woche aufgetaucht sind.

> Betrachten Sie gemeinsam Markus 10,17-22 und beantworten Sie die folgenden Fragen:

1. Was erfahren wir in Markus 10,17 über diesen Mann und seine Einstellung zu Jesus?

2. Was hätte der Mann aufgrund dessen, was Jesus ihm in Markus 10,18 gesagt hat, über sich selbst erkennen sollen? Wie hätte er reagieren sollen?

3. Was möchte Jesus, dass der Mann bezüglich seiner Liste an Geboten in Markus 10,19 erkennt? (Vergleichen Sie das, was Jesus sagt, mit der Aufzählung von Geboten in 5.Mose 5,6-21)

4. Was hätte der Mann aufgrund dessen, was Jesus ihm in Markus 10,19 sagt, über sich selbst erkennen sollen? Noch einmal: Wie hätte er reagieren sollen?

5. Wie deckt Jesus das Versagen des Mannes auf, das erste Gebot zu halten? (s. 5.Mose 5,7 und Mk 10,21-22)

6. Worauf vertraut der Mann – auf Reichtum oder auf Gott? Worauf setzen Sie Ihr Vertrauen?

„Durch Gottes Gnade seid ihr gerettet, und zwar aufgrund des Glaubens. Ihr verdankt eure Rettung also nicht euch selbst; nein, sie ist Gottes Geschenk. Sie gründet sich nicht auf menschliche Leistungen, sodass niemand vor Gott mit irgendetwas großtun kann" **(Eph 2,8-9).**

- Wir können Gott nicht dazu bringen, uns anzunehmen, indem wir „gute Dinge" tun. Diese Dinge sind an und für sich vielleicht sogar ganz wunderbar, aber sie können das Problem unserer Sünde nicht lösen.

- Gott kann uns nur deshalb annehmen, weil Jesus für uns gestorben ist. Wenn wir auf das sehen, was am Kreuz geschehen ist, dann erkennen wir, dass Gott uns Vergebung frei anbietet.

- Dies ist etwas, was wir uns nicht erarbeiten können und auch nicht verdienen. Genau das ist Gnade: Gott verhält sich uns gegenüber in einer Art und Weise, die wir schlichtweg nicht verdienen.

- Wir müssen nicht vorgeben, etwas zu sein, was wir nicht sind. Wir müssen uns nicht ständig vor Gott beweisen. Gott liebt uns bedingungslos aufgrund des Opfertodes seines Sohnes am Kreuz.

NOTIZEN

WOCHE 5

- Wenn Sie an der Stelle des Bischofs gewesen wären, hätten Sie dann auch Valjean die Leuchter gegeben?

- Hat die „Gnade" Ihre Sicht von Gott geändert?

- Was tun Menschen gewöhnlich, um von Gott angenommen zu werden, wenn sie überhaupt darüber nachdenken?

SELBSTSTUDIUM

▶ *Lesen Sie Markus 11,1-13,37.*

Zusammenfassung: Jesus geht nach Jerusalem und es kommt zur Konfrontation mit den religiösen Führern.

▶ *Bitte beantworten Sie die folgenden Fragen, die Ihnen helfen sollen, diesen Abschnitt zu verstehen. Wenn Sie irgendetwas haben, worüber Sie gerne das nächste Mal sprechen möchten, machen Sie sich Notizen am Ende der Einheit.*

1. Welche Einstellung hat die Menge zu Jesus, als er Jerusalem erreicht? (s. Mk 11,8-10)

2. Wie stehen die religiösen Autoritäten in Markus 11,18 und Markus 12,12 zu Jesus?

3. Wie behandeln sie Jesus aufgrund ihrer Einstellung? (s. Mk 11,27-33; 12,13-17.18.27)

4. Die religiösen Führer waren tief im Alten Testament verwurzelt. Jesus wusste, wie sehr sie sich darin auskannten (in Mk 11,17 sagt er „Heißt es nicht in der Schrift ...“ und in Mk 12,10 „Habt ihr jenes Schriftwort nie gelesen ...“). Was ist das Besondere an den Details in Markus 11,1-10? (s. Sach 9,9) Was hätten die religiösen Führer erkennen müssen?

5. Warum lehnen sie Jesus dennoch ab? (s. Mk 12,24.38-40)

6. Wie werden Sie mit Jesus umgehen, falls Sie „*weder die Schrift noch die Kraft Gottes [kennen]?*"

Ihre Fragen zum SELBSTSTUDIUM:

WOCHE 6
JESUS – SEINE AUFERSTEHUNG

> Sprechen Sie über die Fragen, die beim SELBSTSTUDIUM in der letzten Woche aufgetaucht sind.

> Betrachten Sie gemeinsam Markus 12,1-11 und beantworten Sie die folgenden Fragen:

1. Wer ist der „Mann" in Markus 12,1 und der „Besitzer" in Markus 12,9?

2. Was lernen wir in Markus 12,1-2 über Gott?

3. Wie behandeln die Pächter den Besitzer in Markus 12,3-5?

4. Was lernen wir in Markus 12,3-5 über Gott?

WOCHE 6

5. Was tut der Besitzer in Markus 12,6? An was erinnert Sie das?

6. Wie behandeln die Pächter den Sohn? (s. Mk 12,7-8)

7. Was meinen sie, durch ihr Handeln erreichen zu können?
(s. Mk 12,7-8)

8. Wie reagiert der Besitzer darauf? (s. Mk 12,9)

9. Hätten die Pächter auch dann so gehandelt, wenn sie geglaubt
hätten, dass der Besitzer sie richten würde? Was glauben Sie?

10. In Markus 12,10-11 zitiert Jesus aus Psalm 118 und bezieht
es auf sich. Worin besteht das „Wunderbare" bei der
Ablehnung von Jesus?

„Er ist auferstanden ... wie er es euch angekündigt hat!" (Mk 16,6-7).

- Drei Tage nach dem Tod und Begräbnis von Jesus gehen die Frauen, die ihn haben sterben sehen, zum Grab, um den Leichnam zu salben.

- Sie haben drei Schockerlebnisse, die an Intensität zunehmen:

  - der riesige Stein ist vom Grabeingang „weggerollt"

  - anstelle des Körpers von Jesus sehen sie *„einen jungen Mann in einem weißen Gewand"* in der Grabhöhle

  - der junge Mann sagt ihnen: *„Er ist auferstanden"*

- Allein die Evangelien berichten von 11 verschiedenen Begebenheiten, bei denen Jesus nach seinem Tod gesehen wurde – zu unterschiedlichen Zeiten, an unterschiedlichen Orten und von unterschiedlichen Personen. Er aß mit ihnen, unterhielt sich mit ihnen und ging mit ihnen, genauso wie er es vor seinem Tod auch getan hatte. In 1.Korinther 15,6 lesen wir davon, dass 500 Leute Jesus auf einmal sahen.

- *„[Gott] hat nämlich einen Tag festgesetzt, an dem er durch einen von ihm bestimmten Mann über die ganze Menschheit Gericht halten und über alle ein gerechtes Urteil sprechen wird. Diesen Mann hat er vor aller Welt als den künftigen Richter bestätigt, indem er ihn von den Toten auferweckt hat"* (Apg 17,31). Die Auferstehung beweist, dass Jesus die Welt richten wird. Sie warnt uns auch, dass die Menschen nach ihrem Tod auferweckt werden, um gerichtet zu werden.

- Die Auferstehung schenkt große Hoffnung, weil sie beweist, dass diejenigen ewiges Leben haben werden, die auf das vertrauen, was Jesus am Kreuz getan hat. Alles, was Jesus versprochen hat, wird eintreffen, *„wie er es euch angekündigt hat"*.

NOTIZEN

WOCHE 6

- Der Himmel ist „weder ein Luftschloss noch eine grausame Fata Morgana, sondern eine erstaunliche Realität, die Christi Tod für uns ermöglicht und die seine Auferstehung beweist". Hat das Ihre Sicht vom Himmel verändert?

- „[Gott] hat nämlich einen Tag festgesetzt, an dem er durch einen von ihm bestimmten Mann über die ganze Menschheit Gericht halten und über alle ein gerechtes Urteil sprechen wird. Diesen Mann hat er vor aller Welt als den künftigen Richter bestätigt, indem er ihn von den Toten auferweckt hat" (Apg 17,31). Wie reagieren Sie darauf?

- Glauben Sie, dass die Auferstehung stattgefunden haben kann?

SELBSTSTUDIUM

▶ *Lesen Sie Markus 14,1-16,8.*

Zusammenfassung: Jesus nimmt ganz bewusst seinen Tod am Kreuz auf sich und erfüllt so Gottes Plan.

▶ *Bitte beantworten Sie die folgenden Fragen, die Ihnen helfen sollen, diesen Abschnitt zu verstehen. Wenn Sie irgendetwas haben, worüber Sie gerne das nächste Mal sprechen möchten, machen Sie sich Notizen am Ende der Einheit.*

1. Wie können wir wissen, dass der Tod von Jesus kein Fehler oder Unfall war? (s. Mk 14,12-31.48-49.61-62)

2. Jesus wusste, dass es sein Auftrag war, zu sterben. Fiel es Jesus deshalb leicht, diesen Weg zu gehen? (s. Mk 14,33-36; 15,34)

3. Was hat sein Tod bewirkt? (s. Mk 15,38)

4. Obwohl die Jünger verstanden hatten, wer Jesus ist, war ihnen noch unverständlich, warum er sterben musste. Wie reagieren Menschen, wenn sie zwar verstehen, wer Jesus ist, aber nicht, warum er sterben musste? Was sagt dieser Abschnitt darüber aus? (s. Mk 14,50.66-71; 16,8)

**5. Wer sieht und versteht? (s. Mk 15,39)
Warum ist das überraschend?**

6. Die Auferstehung von Jesus demonstriert seine Macht über den Tod. Welche Antwort haben Sie auf die Unvermeidbarkeit des Todes?

Ihre Fragen zum SELBSTSTUDIUM:

> *Glückwunsch! Sie haben jetzt das Markusevangelium durchgelesen.*

DAS LEBEN ALS
CHRIST KENNENLERNEN

Diesen Teil werden Sie an einem extra Tag durcharbeiten. Es ist eine
Gelegenheit, mehr über Gemeinde, den Heiligen Geist, das Gebet und die
Bibel zu erfahren und Fragen zu stellen. Außerdem ist es auch eine großartige
Gelegenheit, die Leute in Ihrer Gruppe ein bisschen besser kennenzulernen.

DAS LEBEN ALS CHRIST KENNENLERNEN
DIE GEMEINDE

„Wer sich zu Klugen gesellt, wird klug; wer sich mit Dummköpfen befreundet, ist am Ende selbst der Dumme" (Spr 13,20; GNB[8]).

- Das Leben als Christ kann sehr hart sein. Deshalb ist es für Christen wichtig, sich daran zu erinnern, dass sie von Gott erwählt wurden (s. 1.Petr 1,1-2) und dass sie „eine sichere Hoffnung" haben: die sichere Hoffnung auf den Himmel (s. 1.Petr 1,3).

- Wenn die Bibel von „Gemeinde" spricht, dann sind damit ganz einfach all diejenigen gemeint, die ihr Vertrauen auf Jesus gesetzt haben.

- Petrus sagt den Christen, dass sie einander von ganzem Herzen lieben sollen (1.Petr 1,22). Ohne diese gegenseitige Unterstützung, die die Gemeindefamilie schenkt, ist es schwer durchzuhalten.

- Christen sollten um sich herum ein Team weiser Menschen aufbauen, die ihnen helfen, Christus zu folgen, bis sie den Himmel erreicht haben.

NOTIZEN

GRUPPENGESPRÄCH

- *„Wer sich zu Klugen gesellt, wird klug; wer sich mit Dummköpfen befreundet, ist am Ende selbst der Dumme"* (Spr 13,20; GNB). Können Sie diese Aussage aufgrund Ihrer eigenen Erfahrungen bestätigen?

- *„Darum hört nicht auf, einander aufrichtig und von Herzen zu lieben!"* (1.Petr 1,22). Denken Sie, dass das realistisch ist?

---

8 Gute Nachricht Bibel (Abk.: GNB), Revidierte Fassung 1997 der „Bibel in heutigem Deutsch", durchgesehene Ausgabe in neuer Rechtschreibung, Deutsche Bibelgesellschaft, Stuttgart 2000.

DAS LEBEN ALS CHRIST KENNENLERNEN
DER HEILIGE GEIST

„Es ist gut für euch, dass ich weggehe. Denn wenn ich nicht von euch wegginge, käme der Helfer nicht zu euch; wenn ich aber gehe, werde ich ihn zu euch senden" **(Joh 16,7).**

- Der Heilige Geist („der Helfer", in manchen Übersetzungen auch „der Tröster"), der kommt, um in den Christen zu leben, ist Christi Geist.

- Der Heilige Geist wirkt auf vielerlei Weise. Zum Beispiel ...

  - macht er den Menschen ihre Sünde bewusst

  - verändert er Christen von innen heraus, indem er ihnen das Verlangen schenkt, Gott gefallen zu wollen

  - gibt er jedem Christen Gaben, mit denen dieser anderen Christen dienen soll

  - schenkt er Frieden, der auf der Beziehung mit Gott beruht

NOTIZEN

DAS LEBEN ALS CHRIST KENNENLERNEN

- „Ich hatte keinen inneren Frieden." Woher kommt es, dass Menschen das so empfinden?

- Sie haben das Leben von Jesus jetzt kennengelernt. Wie wäre das für Sie, wenn sein Geist nun käme, um „bei Ihnen" zu bleiben und „in Ihnen" zu leben (s. Joh 14,17)?

DAS LEBEN ALS CHRIST KENNENLERNEN
DAS GEBET

„Vertraue allezeit auf ihn, mein Volk. Schütte dein Herz vor ihm aus, denn Gott ist unsere Zuflucht" **(Ps 62,9; NLB[9]).**

* Christen beten, um ihre Beziehung mit Gott zu vertiefen.

NOTIZEN

* Jesus lehrt seine Nachfolger, Gott als „Unser Vater" anzusprechen. Christen haben eine ganz besondere, eine persönliche Beziehung zu Gott.

* Wenn Christen beten, dann beten sie zu dem „souveränen Herrn", der alles unter Kontrolle hat, was auch immer geschieht.

GRUPPENGESPRÄCH

* Beten Sie?

* Gott ist der souveräne Herr, der alles unter Kontrolle hat, was auch immer mit Ihnen passiert. Welche Auswirkung könnte das auf Ihr Leben haben?

---

9 *Neues Leben. Die Bibel* (Abk.: NLB), Hänssler Verlag, Holzgerlingen 2002/2005.

DAS LEBEN ALS CHRIST KENNENLERNEN
DIE BIBEL

„Denn alles, was in der Schrift steht, ist von Gottes Geist eingegeben ...“ **(2.Tim 3,16).**

- Die Bibel ist sehr vielfältig. Sie enthält Geschichtsschreibung, Poesie, Prophetie, Lieder, Biografien. Aber egal wie unterschiedlich der Stil ist, die Botschaft ist dieselbe. Es geht immer um die Frage, wie wir von unserer Sünde gerettet werden können.

- Das Lesen der Bibel hilft Christen, Gott zu kennen.

- Ein Christ ist jemand, der *„seine Lust hat am Gesetz des HERRN und über sein Gesetz nachsinnt Tag und Nacht“* (Ps 1,2; Schl 2000[10]). Die Bibel prägt das Denken der Christen.

- *„Der ist wie ein Baum, gepflanzt an Wasserbächen ...“* (Ps 1,3; Schl 2000). Christen werden erfrischt und erfüllt durch das Lesen der Bibel.

- *„Maria hat das Bessere gewählt“* (Lk 10,42). Christen müssen die Entscheidung treffen, sich für das Lesen von Gottes Wort Zeit zu nehmen, ungeachtet dessen, wie ausgelastet ihr Leben sein wird.

NOTIZEN

- *„Maria hat das Bessere gewählt“* (Lk 10,42). Welche Entscheidungen müssen Sie treffen, um Gottes Wort zu hören?

- Die Person, die sich an Gottes Wort erfreut, *„ist wie ein Baum, gepflanzt an Wasserbächen, der seine Frucht bringt zu seiner Zeit“* (Ps 1,3; Schl 2000). Können Sie sich vorstellen, dass die Bibel diese Rolle in Ihrem Leben spielen könnte?

---

10 *Die Bibel – übersetzt von Franz Eugen Schlachter Version 2000, neue revidierte Fassung* (Abk.: Schl 2000), Genfer Bibelgesellschaft 2002.

WOCHE 7
WAS IST EIN CHRIST?

▶ Sprechen Sie über die Fragen, die beim SELBSTSTUDIUM in der letzten Woche aufgetaucht sind.

▶ Betrachten Sie gemeinsam Markus 14,1-11 und beantworten Sie die folgenden Fragen:

1. Wie reagieren die verschiedenen Leute auf Jesus?

	Reaktion auf Jesus
Die religiösen Führer	
„Einige der Anwesenden"	
Die Frau	
Judas	

2. Wie reagiert Jesus auf das, was die Frau für ihn tut? Warum? (s. Mk 14,6-8)

3. War Jesus von der Verschwörung der religiösen Führer überrascht?

4. War die Intrige von Judas eine Überraschung für Jesus?

5. Was zeigt uns Markus 14,9 über Jesus?

6. Wie sollten wir auf Jesus reagieren?

„Wenn jemand mein Jünger sein will, muss er sich selbst verleugnen, sein Kreuz auf sich nehmen und mir nachfolgen" (Mk 8,34).

- In Markus 8 sehen wir, wie die Jünger anfangen, zu erkennen, wer Jesus ist. Petrus identifiziert Jesus als „den Messias" bzw. „den Christus", d.h. als den König, der im Alten Testament verheißen wurde. Von ihm wurde vorausgesagt, dass er die Macht und Autorität von Gott selbst haben würde.

- Jesus lehrt sie dann, dass er gekommen ist, um zu sterben. Er weiß, dass es nur einen Weg gibt, wie sündige Menschen wieder in die Gemeinschaft mit Gott zurückgebracht werden können: er muss an ihrer Stelle sterben.

- Dann sagt Jesus: *„Wenn jemand mein Jünger sein will, muss er sich selbst verleugnen, sein Kreuz auf sich nehmen und mir nachfolgen."*

  - Sich selbst zu verleugnen bedeutet, nicht mehr für sich selber zu leben, sondern für Jesus.

  - Das Kreuz auf sich zu nehmen bedeutet, bereit zu sein, ihm zu folgen, wie hoch auch immer der Preis sein mag.

- Jesus nennt einen überzeugenden Grund, der dafür spricht, so zu leben: *„Was nützt es einem Menschen, die ganze Welt zu gewinnen, wenn er selbst dabei unheilbar Schaden nimmt?"* (Mk 8,36).

WOCHE 7

- *„Was nützt es einem Menschen, die ganze Welt zu gewinnen, wenn er selbst dabei unheilbar Schaden nimmt?"* (Mk 8,36). Wie würden Sie diese Frage beantworten?

- Jesus hat gesagt: *„Wenn jemand mein Jünger sein will, muss er sich selbst verleugnen, sein Kreuz auf sich nehmen und mir nachfolgen"* (Mk 8,34). Glauben Sie, dass Sie das tun könnten?

- „Ein Christ ist jemand, der bereit ist, ihm nachzufolgen, koste es, was es wolle." Was könnten die Kosten sein?

Wenn Sie für sich erkannt haben, wer Jesus ist und warum er auf diese Erde gekommen ist, und Sie verstehen, was es heißt, ihm zu folgen, dann wollen Sie vielleicht das folgende Gebet beten:

Himmlischer Vater, ich habe mich gegen dich aufgelehnt. Ich habe in meinen Gedanken, mit meinen Worten und mit meinem Verhalten gesündigt – manchmal unbewusst, manchmal bewusst. Es tut mir leid, wie ich gelebt habe, und ich bitte dich, mir zu vergeben. Danke, dass Jesus am Kreuz gestorben ist, damit mir vergeben werden kann. Danke, dass ich nun sehen kann, wer Jesus ist und warum er gekommen ist. Bitte sende deinen Heiligen Geist, damit er mir hilft, Jesus zu folgen, was auch immer es mich kosten mag. Amen.

SELBSTSTUDIUM

▶ *Lesen Sie Epheser 2,1-22. Nächste Woche werden Sie gemeinsam mit Ihrer Gruppe einen Teil dieses Kapitels näher betrachten.*

WOCHE 8
ALS CHRIST LEBEN

> *Betrachten Sie gemeinsam Epheser 2,1-10 und beantworten Sie die folgenden Fragen:*

1. Wie beschreibt Paulus in Epheser 2,1-3 die Menschen?

2. Wie werden die Christen in Epheser 2,4-10 beschrieben?

WOCHE 8

3. Warum unterscheiden sich die Personen, die in den Versen 1-3 und in den Versen 4-10 beschrieben werden? (s. Eph 2,4-5)

4. Auf welche Art und Weise wird uns Gottes Errettung zuteil? (s. Eph 2,8)

5. Was ist die angemessene Reaktion auf Gottes Gnade? (s. Eph 2,9-10)

6. Was können Sie zu Ihrer Rettung beitragen?

Jesus sprach: *„Es ist vollbracht"* (Joh 19,30).

NOTIZEN

- Christen werden Widerstand erfahren: von der Welt, in der sie leben, von ihrem eigenen sündigen Wesen und auch vom Teufel, der die Beziehung der Christen zu Gott untergraben möchte.

- Christen können angesichts der Widerstände darauf vertrauen, dass ...

- der Heilige Geist bei/in ihnen ist. Er schenkt Christen das Verlangen und die Kraft, die Widerstände zu überwinden.

- Gott zu dem steht, was er in der Bibel verspricht. Seine Verheißungen schenken die Gewissheit der Liebe Gottes und seiner souveränen Macht.

- Christus für die Sünden gestorben ist, die wir in der Vergangenheit begangen haben, in der Gegenwart begehen und in der Zukunft noch begehen werden. *„... für die, die mit Jesus Christus verbunden sind, gibt es keine Verurteilung mehr"* (Röm 8,1).

- Als Jesus starb, sagte er: *„Es ist vollbracht."* Egal, wie schwer das Leben wird, diese Worte erinnern Christen daran, dass für ihre Sünden bezahlt wurde, dass sie Frieden mit Gott haben und dafür bestimmt sind, einmal mit ihm im Himmel zu sein.

WOCHE 8

- Fühlen Sie sich in der Lage, dem zu vertrauen, was Gott in der Bibel verspricht?

- Welche Bedeutung könnte die Aussage von Jesus – *„Es ist vollbracht"* (Joh 19,30) – für Ihr Leben haben?

SELBSTSTUDIUM

▶ *Lesen Sie noch einmal Markus 3,1-4,41. Nächste Woche werden Sie mit Ihrer Gruppe einen Teil dieses Abschnittes betrachten.*

WOCHE 9
ENTSCHEIDUNG — KÖNIG HERODES

> Betrachten Sie gemeinsam Markus 4,3-20 und beantworten Sie die folgenden Fragen:

1. Nachdem Jesus in den Versen 3-8 das Gleichnis erzählt hat, erklärt er es in den Versen 13-20. Wofür steht demnach die „Saat"?

2. Welche vier möglichen Resultate gibt es, wenn das Wort Gottes gepredigt wird? (s. Mk 4,15-20)

3. Was ist mit einem Hörer „ohne Wurzeln" gemeint?
   (s. Mk 4,17)

4. Wie ersticken *die Sorgen dieser Welt, die Verlockungen des Reichtums und andere Begierden* das Wort?

5. Wie haben *Sie* bislang reagiert, wenn Sie das Wort Gottes gehört haben?

„Der König war bestürzt; doch weil er vor seinen Gästen einen Eid geschworen hatte, wollte er dem Mädchen die Bitte nicht abschlagen" (Mk 6,26).

- König Herodes lehnte sich ganz bewusst auf gegen Gott.

- Johannes der Täufer, von dem Herodes wusste, dass er „gerecht und heilig" war, forderte Herodes wiederholt auf, davon abzulassen. Aber Herodes wandte sich nicht davon ab, obwohl er wusste, dass es falsch war. Er kehrte nicht voller Reue um (tat keine Buße).

- Schließlich kam an Herodes' Geburtstag „eine günstige Gelegenheit". Seine Frau forderte den Kopf des Täufers auf einem Teller. Herodes hatte die Wahl: er konnte entweder umkehren oder seiner Frau geben, was sie haben wollte. Unter dem Druck seiner Frau, seiner Freunde und Gäste entschied sich Herodes erneut dagegen, voller Reue umzukehren (Buße zu tun).

- Später in seinem Leben trifft Herodes Jesus. *„[Herodes] stellte ihm viele Fragen, aber Jesus gab ihm nicht eine einzige Antwort"* (Lk 23,9). Wenn wir den Ruf von Jesus, umzukehren und zu glauben, ablehnen, kann es sein, dass wir dafür die Zustimmung anderer Menschen ernten. Schließlich werden wir jedoch dafür Ablehnung durch Jesus erfahren.

GRUPPENGESPRÄCH 2

- Warum weigert sich Herodes, umzukehren? Was denken Sie?

- Die Predigten des Johannes beunruhigten Herodes sehr.
  Welche Gefühle löst die Lehre von Jesus in Ihnen aus?

SELBSTSTUDIUM

▶ *Betrachten Sie noch einmal Ihre Notizen! Notieren Sie alle Fragen,
die Sie haben, damit Sie diese in der letzten Einheit nächste Woche
besprechen können!*

WOCHE 10
ENTSCHEIDUNG — JAKOBUS, JOHANNES UND BARTIMÄUS

▶ *Nutzen Sie die Zeit, um alle Fragen zu stellen, die Sie haben.*

AUF DEN PUNKT GEBRACHT

„,Was wollt ihr?', fragte er. ,Was soll ich für euch tun?'" **(Mk 10,36; s.a. V. 51).**

* Jakobus und Johannes bitten Jesus um Macht und Ansehen. Daran erkennt Jesus, dass sie noch nicht verstehen, was es bedeutet, ihm nachzufolgen. Er korrigiert ihr Denken, indem er sie daran erinnert, dass selbst er *„nicht gekommen [ist], um sich dienen zu lassen, sondern um zu dienen und sein Leben als Lösegeld für viele hinzugeben"* (Mk 10,45).

* Wenn Sie bereits Ihr Vertrauen auf Jesus gesetzt haben, dann kann es sein, dass Sie nun das Gleiche lernen müssen wie Jakobus und Johannes: Jesus nachzufolgen hat mit Dienen zu tun und nicht mit Status.

* Bartimäus bittet um Erbarmen. Jesus heilt ihn und sofort macht er sich auf, um Jesus nachzufolgen.

* Wenn Sie bis jetzt Ihr Vertrauen noch nicht auf Jesus gesetzt haben, dann müssen Sie dasselbe tun wie Bartimäus: Bitten Sie Jesus um Erbarmen und folgen Sie ihm nach!

NOTIZEN

- Mit wem können Sie sich am ehesten identifizieren: Jakobus und Johannes oder Bartimäus?

- Welche Entscheidungen werden Sie treffen aufgrund all dessen, was Sie bei *Christsein entdecken* gelernt haben?

- „Wenn Sie Gott eine Frage stellen könnten und er sie garantiert beantworten würde, was würden Sie fragen?" Wie haben Sie diese Frage in der ersten Woche beantwortet? Wie lautet jetzt Ihre Antwort?

Danke, dass Sie sich Zeit genommen haben, um an *Christsein entdecken* teilzunehmen. Wenn Sie für sich erkannt haben, wer Jesus ist und warum er auf diese Erde gekommen ist, und Sie verstehen, was es heißt, ihm zu folgen, dann wollen Sie vielleicht das folgende Gebet beten:

Himmlischer Vater, ich habe mich gegen dich aufgelehnt. Ich habe in meinen Gedanken, mit meinen Worten und mit meinem Verhalten gesündigt – manchmal unbewusst, manchmal bewusst. Es tut mir leid, wie ich gelebt habe, und ich bitte dich, mir zu vergeben. Danke, dass Jesus am Kreuz gestorben ist, damit mir vergeben werden kann. Danke, dass ich nun sehen kann, wer Jesus ist und warum er gekommen ist. Bitte sende deinen Heiligen Geist, damit er mir hilft, Jesus zu folgen, was auch immer es mich kosten mag. Amen.

Notizen

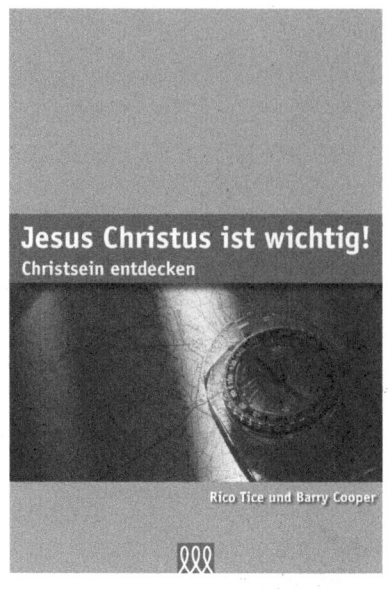

Rico Tice, Barry Cooper
Jesus Christus ist wichtig!
Christsein entdecken
Paperpack, 128 Seiten
ISBN 978-3-935188-80-7

Ein Buch, das alle die Behauptungen aufstellt, welche die Bibel über sich selbst macht, ist immerhin eine Überprüfung wert.

Wie viele Bücher gibt es, die von sich behaupten, dass sie das Geheimnis des ewigen Lebens enthalten, sowie außergewöhnliche und präzise Prophetien (von denen die meisten bereits eingetroffen sind, wenn auch einige sich auf Ereignisse beziehen, die noch in der Zukunft liegen), und gleichzeitig behaupten, den einzigen Weg aufzuzeigen, auf dem Menschen vor dem göttlichen Gericht gerettet werden können?

Die Bibel macht alle diese Aussagen. *Ist das unerhört?* Es scheint fast so. *Ist das provokant?* Nur ein wenig. *Ist es wahr?* Kommt darauf an, wen man fragt. Doch wenn es auch nur die geringste Aussicht gibt, dass diese Aussagen tatsächlich wahr sein könnten, dann hat die Bibel unsere Aufmerksamkeit verdient. Denn wenn sich dabei herausstellt, dass die Bibel tatsächlich das Wort Gottes ist, wäre es dann nicht extrem unweise, bewusst keine Notiz davon nehmen zu wollen?

Bestellanschrift:

3L Verlag gGmbH
Auf der Lind 9

D-65529 Waldems

Telefon: 0 61 26 - 2 24 68 30
E-Mail: info@3Lverlag.de
www.3LVerlag.de